SYSTÈME

DES

DIVAGATIONS

PEU ÉCONOMIQUES

DU CITOYEN PROUDHON

LAGNY. — IMPRIMERIE DE GIROUX ET VIALAT.

SYSTÈME

DES

DIVAGATIONS

PEU ÉCONOMIQUES

DU CITOYEN PROUDHON

PAR

UN GRIGOU

PARIS

VIALAT ET COMPie, ÉDITEURS

12, RUE DE SAVOIE

1849

SYSTÈME

DES

DIVAGATIONS

PEU ÉCONOMIQUES

DU CITOYEN PROUDHON

Les rois tirent volontiers l'humanité par la queue et se plaisent à rêver qu'ils vont ainsi, à reculons, la ramener au moyen-âge.

Malheureusement les peuples ont grandi, et quand ce jeu les ennuie ils mettent les rois à la porte; les empereurs même sont menacés, au moins s'il faut en croire les nouvelles qui nous arrivent de Vienne depuis le mois de mars. Il n'y a que le Bourbon de Naples qui tienne bon; mais celui-là a des Suisses, des Jésuites et des lazzaroni, des canons, des poignards et des torches, ce qui n'a pas empêché la Sicile de l'envoyer paître; sans compter que les Suisses pourraient bien un jour ou l'autre se souvenir qu'ils sont républicains, les Jésuites se faire chrétiens et les lazzaroni devenir honnêtes gens.

Décidément les rois s'en vont.

En revanche, les socialistes arrivent, et les communistes aussi. C'est fâcheux, mais c'est comme ça.

Les socialistes et les communistes sont des philosophes qui font métier de régénérer et de démolir la société : ils enseignent l'égalité et la guerre civile; ils prêchent la fraternité et le pillage; ils trouvent que les rois sont de pauvres sires, capables tout au plus de conduire un troupeau de moutons dans les pâturages de Lilliput, et quand une fois on est en chemin pour revenir au bon vieux temps, s'arrêter au moyen-âge leur paraît parfaitement niais. Quant à eux, ils ne se mettraient pas en frais pour si peu. L'ère qu'ils se proposent de fonder fera revivre la civilisation du jardin d'Éden, les feuilles de figuier de nos premiers pères, les glands de l'âge d'or, la fraternité de Caïn et l'ordre social de la tour de Babel. Ils ne seraient peut-être pas fâchés que les pauvres devinssent riches; mais ils tiennent surtout à ce que les riches deviennent pauvres; leurs nuits seront pleines de cauchemars et leurs jours sans repos tant que M. de Rotschild ne portera pas des sabots et une blouse.

Les communistes veulent qu'on rie et qu'on pleure en commun, qu'on s'amuse et qu'on bâille de même, qu'on mange à la gamelle tant qu'on a quelque chose à manger, et qu'on couche à la belle étoile en attendant la confection d'une maison et d'un lit assez vastes pour que tout le monde y trouve place. M. Cabet est leur messie, leur apôtre et leur journaliste.

Ce M. Cabet est un homme remarquable quand il daigne ne pas être dieu. Il a découvert l'Icarie, capitale Icara; un vrai pays de cocagne, où il ne manquerait rien, s'il y avait des habitants et quelque chose pour les nourrir. C'est là qu'il expédie ses disciples, quand il en a; ce qui fait qu'on ne lui en connaît jamais qu'une douzaine en Europe, et que cette terre promise est peuplée et se peuple tous les jours davantage... de fantômes et de rêves creux.

Les socialistes se sont intitulés ainsi parce qu'ils ont voulu avoir quelque chose de social, le nom, faute de mieux. Leur origine ne se perd pas dans la nuit des temps; mais leur inventeur n'est pas connu. M. Louis Blanc devint leur chef pour être quelque chose après la révolution de février. Il monta sur un tabouret, en guise d'échasses, fit de beaux discours à la crême fouettée, prononça le serment d'Annibal quand il ne sut plus que dire, et organisa, dans ses moments de récréation, les ateliers nationaux, qui, à leur tour, organisèrent l'insurrection de juin. Mais Annibal était un luron de haut calibre: il n'avait que neuf ans quand il jura de démolir Rome; et, si Rome lui échappa, il démolit au moins quantité de Romains avant, pendant et après la bataille de Cannes. M. Louis Blanc est resté au-dessous de son modèle; il n'a rien démoli du tout, n'a pas même réussi à dresser ses batteries ni à faire créer *un minis-*

tère du progrès, et, le 15 mai, a livré sa bataille de Cannes sans la gagner. Vous savez le reste ; on lui a décerné sur place les honneurs du triomphe, et le jour même il a été admis à faire valoir ses droits à la retraite. Depuis lors, le citoyen Pierre Leroux, le citoyen Victor Considérant, le citoyen Proudhon, et je ne sais combien d'autres citoyens encore, sans compter l'auteur de *la vraie République sur papier rouge*, et l'inventeur des cigarettes de camphre, se disputent la succession et rivalisent de zèle et d'extravagances socialistes. Le citoyen Proudhon se distingue entre tous et l'emportera probablement.

Connaissez-vous le citoyen Proudhon? Le nom est baroque, mais l'homme est un fameux lapin, et vous aurez de ses nouvelles, car il a rêvé de grands bouleversements ; pour le moment, il s'occupe à rêver que ses rêves se réaliseront sous peu. Mais avant de vous conter ça, il me revient en mémoire certain loup dont parle La Fontaine et dont je tiens à vous dire l'histoire tout de suite, crainte de l'oublier.

Ce loup était un original ; il s'était pris de belle passion pour la vie pastorale, de sorte qu'un beau jour il se munit d'une houlette, endossa un hoqueton, et, s'il avait su écrire,

Il aurait volontiers écrit sur son chapeau :
C'est moi qui suis Guillot, berger de ce troupeau.

C'était un moyen inventé par lui pour manger les moutons à son aise et sans qu'ils s'en aperçussent.

Le citoyen Proudhon, un peu ours et assez mal léché de son naturel, n'est pas loup du tout et possède l'avantage de savoir manier une plume. Il a écrit sur son drapeau :

JE NE SUIS PAS COMMUNISTE,
PARCE QUE LE COMMUNISME EST LA RELIGION DE LA MISÈRE ;
JE NE SUIS PAS SOCIALISTE,
PARCE QUE DANS LE SOCIALISME JE N'AI RENCONTRÉ QUE DE LA VANITÉ ET DE LA BÊTISE.

Cela prouve deux choses : d'abord qu'il a le coup-d'œil juste, et ensuite qu'il a le courage de laver la tête à ses confrères, au risque de s'éclabousser lui-même. Au reste, socialiste, communiste ou autre chose, il est à lui seul plus richiphobe que tous les communistes et socialistes réunis ; il ne connaît rien de plus déplorable qu'un monde où il y a des riches, et tant qu'il sera exposé à rencontrer sur son chemin quelqu'un qui possède quelque chose, il sera plus malheureux que le lièvre de la fable :

Il ne saurait manger morceau qui lui profite ;
Jamais un plaisir pur, toujours assauts divers :
LA PROPRIÉTÉ maudite
L'empêche de dormir sinon les yeux ouverts.

C'est au point qu'il en a la cervelle à l'envers, et qu'il faut ou qu'il perde la tête ou qu'il bouleverse le monde.

C'est ce dernier but qu'il poursuit, ce qui ne l'empêchera peut-être pas d'arriver à l'autre. Pour assurer le succès de son entreprise, il a étudié la théologie, la philosophie, la morale, l'économie sociale, l'anthropologie, la politique, l'économie domestique, l'économie politique et je ne sais combien d'autres sciences en *gie* et en *ique* dont le nom m'échappe. Il n'y a que la logique sur laquelle il n'est pas fort ; mais on ne peut pas tout avoir, et le soleil même a des taches, au moins à ce que disait le citoyen Arago avant d'être ministre et du gouvernement provisoire.

Au moyen de toutes ces études, le citoyen Proudhon s'est bâti un système que je veux vous dire en abrégé, quoique je n'y comprenne rien, mais que vous trouverez tout au long dans ses livres, si vous avez le courage de les lire, ou dans ses discours à la tribune, si vous êtes représentant. Vous pourriez le trouver aussi dans son journal ; un crâne journal, qui ne représente rien du tout, mais qui s'appelle *le Représentant du peuple* et prendra un jour, si Cavaignac lui prête vie, la neuf cent unième place à la suite de nos élus, pour faire la queue à l'Assemblée nationale.

Un serment, celui d'Annibal encore, ou au moins une imitation, brille au frontispice de ce système pour en expliquer le but : *Pour moi*, dit l'auteur, *j'en ai fait le serment; je serai fidèle à mon œuvre de démolition ; je ne cesserai de poursuivre la vérité à travers les ruines et les décombres.* Et ce n'est pas une plaisanterie ni une vaine formule : le citoyen Proudhon, en effet, démolit tout sur son passage et entasse les ruines et les décombres pour traquer la vérité à travers et la démolir à son tour.

En théologie, il démolit la religion et supprime Dieu, puis il chante victoire en ces termes : *Dieu, te voilà détrôné et brisé.*

Ton nom, si longtemps l'espoir du pauvre, le refuge du coupable repentant, ce nom désormais voué au mépris et à l'anathème, sera sifflé parmi les hommes ; car Dieu, c'est sottise et lâcheté, hypocrisie et mensonge, tyrannie et misère ; Dieu, c'est le mal. Tant que l'humanité s'inclinera devant un autel, l'humanité sera réprouvée. Dieu, retire-toi, car, dès aujourd'hui, guéri de ta crainte et devenu sage, je jure, la main étendue vers le ciel, que tu n'es que le bourreau de ma raison.

En philosophie et en morale, il démolit l'intelligence et la conscience humaines : *L'homme est une bête. L'instinct de la société, le sens moral lui est commun avec la brute. Nous sommes bons, aimants, compatissants, justes, en un mot, comme nous sommes colères, gourmands, luxurieux et vindicatifs, c'est-à-dire comme des bêtes. La conscience du bien et du mal n'établit pas, relativement à la moralité, une différence essentielle entre l'homme et les bêtes.*

En économie sociale, il démolit d'abord la société entre l'homme et la femme en attendant la suppression de la société entre les hommes : *Entre la femme et l'homme..... il n'y a pas véritablement société. L'homme et la femme ne vont pas de compagnie. La différence des sexes élève entre eux une séparation de même nature que celle que la différence des races met entre les animaux.* Dès lors la femme devient naturellement inutile, et il fallait bien la supprimer. Le citoyen Proudhon n'est pas homme à s'arrêter à moitié chemin. *Loin d'applaudir,* ajoute-t-il, *à ce qu'on appelle aujourd'hui l'émancipation de la femme, j'inclinerais bien plutôt à mettre la femme en réclusion.*

En économie politique, il démolit toutes les idées reçues et nous enseigne que *l'impôt proportionnel est une iniquité*, que *la grisette, gagnant quinze sous par jour*, a le droit de payer les mêmes contributions que le rentier jouissant de cent mille francs de revenu, et que *l'État, par l'impôt proportionnel, se fait chef de bande et mérite d'être traîné en cour d'assises en tête de ces hideux brigands, de cette canaille exécrée, qu'il fait assassiner par jalousie de métier.*

En politique, il démolit la République, le suffrage universel et la démocratie. Il nous apprend que nous avons fait une sottise en établissant tout cela, que la révolution de février est radicalement illégale, le suffrage universel absurde, la représentation nationale illusoire, et la démocratie, diabolique : *Tout ce qui a été fait par le peuple a été fait en violation de la loi.—Qu'attendre d'une Représentation qui, sortie de comices plus ou moins complets, plus ou moins éclairés et libres, agissant sous l'influence de passions locales, de préjugés d'état, en haine des personnes et des principes, ne doit être, en dernière analyse, qu'une Représentation factice, produit du bon plaisir et de la cohue électorale. — La démocratie n'est autre chose que la tyrannie des majorités, tyrannie la plus exécrable de toutes..... La démocratie est l'ostracisme des capacités, le patriciat des médiocrités envieuses et remuantes.* Une médiocrité envieuse et remuante, ce doit être quelque chose comme M. Thiers, M. Armand Marrast, le général Cavaignac ou M. Senard.

Déjà, comme vous le voyez, les ruines et les décombres ne manquent pas, et le terrain est vaste sur lequel le citoyen Proudhon peut, fidèle à son programme, poursuivre la vérité. Seulement je ne vois plus guère de vérité à poursuivre ni à démolir ; le citoyen Proudhon a, jusqu'ici, tenu son serment et au delà, aussi le système a fait du bruit et soulevé toutes les sympathies des gens faits pour le comprendre et l'apprécier. Les socialistes du bagne ont applaudi à sa théologie, à sa philosophie et à sa morale ; il paraît même qu'une souscription s'organise à Brest, à Toulon et à Rochefort, dans le but d'élever une statue au citoyen Proudhon, et on regarde comme certain que chaque forçat souscrira... pour un boulet. Les Vésuviennes ont battu des mains et des pieds à ses leçons sur l'association des deux sexes ; elles lui auraient tressé des couronnes s'il n'avait pas parlé de mettre la femme en réclusion, ce qui lui a fait du tort auprès de ces dames. Les grisettes raffolent de son économie politique ; tout ce qui est henriquinquiste, légitimiste, philippiste, bonapartiste, ou quelque autre chose en *iste*, admire ses idées sur la révolution de février, le suffrage universel, la representation nationale et la démocratie ; quant aux socialistes de Paris et aux ateliers nationaux, ils les ont trouvées superbes, et, par eux, le citoyen Proudhon a été envoyé à l'Assemblée constituante.

Jusqu'ici pourtant, rien d'extraordinaire quand on examine de près ; seulement dans ses enseignements le citoyen Proudhon a eu le malheur de venir après d'autres. Avant lui, Lacenaire a dit que l'homme est une bête, en morale au moins, et que Dieu n'est qu'un vilain mot. A Toulon, à Rochefort et à Brest, il y a pas mal de braves gens qui admettent ces idées et qui agiraient en conséquence, n'était le boulet qu'ils ont au pied et qui les gêne. A Paris, à Londres et en bien d'autres lieux, on trouve des époux qui ne vivent pas mieux en société que le chat et le chien; le marquis de Carabas, et peut-être d'autres marquis, ne se croyaient pas en droit de payer à l'État plus de contributions que la grisette, et se résignaient même à en payer moins, puisqu'ils voulaient, à l'exemple de leurs nobles aïeux, n'en pas payer du tout; enfin Polignac a dit quelque part que le suffrage universel est absurde et que la démocratie n'a pas le sens commun, ou, s'il ne l'a pas dit, il doit l'avoir pensé. Il paraîtrait même que Guizot, Duchâtel et Louis-Philippe ont eu la même opinion; au moins est-il certain qu'ils ne voulaient pas de réforme électorale.

Mais voici qui est nouveau et qui, sans contredit, appartient en propre au citoyen Proudhon :

La propriété, c'est le vol.

Je vous défie de me citer un bandit, une Vésuvienne, un marquis, un ministre, un philosophe, un roi, un grigou même, qui ait deviné cela; moi, qui ne suis pas plus bête qu'un autre, je ne l'aurais jamais trouvé. Il est vrai de dire aussi que je ne l'aurais pas cherché et que même la découverte ne me chausse pas du tout.

Je suis savetier de mon état, très honnête homme de mon naturel, et mes voisins vous le diront comme moi. Je gagne jusqu'à vingt-cinq sous par jour quand la pratique donne, et, lorsque l'ouvrage ne va pas, car la récolte manque quelquefois et tout en souffre, même la chaussure, je plante des choux ou je sème des navets dans un champ que me prête mon voisin Thomas. En résumé, de choux ou de savates, je vivais pauvre et content, sans demander rien de plus, chantant comme mon vieux confrère dont parle La Fontaine, et comme lui satisfait au 31 décembre d'attraper le bout de l'année. Et chaque jour, quand j'allais m'asseoir à côté de ma femme, devant ce maigre déjeuner, que je croyais légitimement acquis par mon travail et que l'appétit, aiguisé par la fatigue, me faisait trouver excellent, je me sentais tout aise et tout heureux; le citoyen Pierre Leroux ne s'épanouit pas d'une joie plus calme et plus béate quand, au milieu de ses huit cent quatre-vingt-dix-neuf collègues, il prend en pitié leur ignorance à tous et leur promet généreusement quelques émanations de sa science profonde, ou leur offre des leçons gratis sur l'art de bâtir toute sorte de constitutions, selon les règles de la triade. Eh bien! aujourd'hui ce n'est plus ça : chaque morceau que je mange m'oppresse comme un remords; le doute me poursuit partout, je me sens triste, maussade; ma gaieté a disparu, mes chansons ont cessé : à chaque heure du jour, à chaque instant de la nuit, le citoyen Proudhon pèse sur ma conscience comme un cauchemar; le bruit de ma cuillère sur mon assiette, le glouglou de ma bouteille, le chant de mon serin, le bruit de mes souliers sur le carreau, le grincement de mon tranchet sur la meule, le bruissement de la poix sur le ligneul, tout semble me corner aux oreilles le titre désagréable de voleur.

Et puis, c'est que ce n'est pas une plaisanterie, c'est que j'ai bien réellement volé, c'est que je vole tous les jours, à moins que le citoyen Proudhon ne soit qu'un sot. Quand j'ai travaillé toute la journée, je reçois vingt-cinq sous le soir, et je suis propriétaire de vingt-cinq sous, c'est-à-dire voleur. Cela ne dure pas; les vingt-cinq sous partent vite; le boulanger y fait brèche, l'épicier en prélève sa part, le tanneur aussi s'en mêle quelquefois, et c'est tout au plus s'il me reste trois sous à mettre en réserve pour payer mon loyer, quand le terme arrive ou pour faire une petite dot à ma fille, quand elle aura vingt ans; mais enfin j'ai possédé vingt-cinq sous, ne fût-ce que quelques minutes, donc je suis voleur. De plus la chose se renouvelle; ce qui s'est fait la veille se fait encore le lendemain. Et puis encore, il faut se vêtir : j'ai trois chemises, ma femme en a quatre, sans compter quelques accessoires indispensables à une mise décente; ma fille elle-même, toute jeune qu'elle est, possède une poupée; nous sommes tous propriétaires de quelque chose dans la maison, tous voleurs.

Et quand je dis dans la maison, c'est encore une manière de parler, car le boulanger a du pain le matin, de l'argent le soir, toujours un peu de farine, un blutoir pour en séparer le son, une huche pour la pétrir, une pelle pour enfourner et du bois pour chauffer le four; mon voisin Thomas possède une maison qu'il habite, un champ où il sème du blé et des pommes de terre, un jardin où il cultive des haricots et des ognons ; l'épicier d'à-côté a, dans sa boutique, du sel, du poivre, quelquefois un peu de sucre, toujours une balance pour peser ce qu'il vend ; et tous ces gens-là, y compris le sabotier d'en face, qui reçut hier un billot de noyer, sont, comme moi, propriétaires, voleurs ; et tous ensemble, nous ne sommes qu'un tas de canaille dans l'endroit. Saperlotte ! savez-vous que ce n'est pas gai pour des gens qui tiennent à l'estime du genre humain, et qui pourraient, un jour ou l'autre, avoir besoin d'un certificat de moralité ?

J'y pense beaucoup depuis quelque temps ; j'y pense peut-être trop, car je maigris et ma femme s'inquiète pour ma santé ; mais que voulez-vous ? on ne peut pas se refaire. Si l'homme est une bête, ce que je suis porté à croire depuis que je connais les découvertes du citoyen Proudhon, c'est au moins une bête pensante ; l'esprit veut toujours agir et s'occuperait de romans, fût-ce même de ceux de M. Eugène Sue, plutôt que de ne s'occuper de rien. Or, il y a un dimanche chaque semaine, où mon curé ne veut pas que je fasse de souliers, bien que les temps soient durs et l'argent rare ; tel porterait volontiers des escarpins qui est réduit aux sabots, de sorte que les loisirs se multiplient, et, pendant que le corps se repose, l'âme s'agite et prétend ne pas rester oisive ; c'est son genre, la volonté n'y peut rien, le tabac même est souvent inefficace, et puis encore on ne peut pas fumer toujours ; à la longue, ce serait abrutissant. Réduit à penser, bon gré mal gré, je tâche à m'instruire pour ne pas penser toujours à la même chose, et je lis, car mon pauvre père m'a appris à lire et même un peu à écrire, comme vous voyez. Je lis les admirables *Prédictions de Michel Nostradamus*, ou *les Sornettes du double Liégeois*, ou *les contes du Messager boiteux*; mais l'année est longue, les almanachs ne paraissent qu'en automne, les journaux coûtent chers et les livres aussi, quand ils sont bons : ceux du citoyen Proudon m'ont été donnés il y a quelques semaines ; et ma foi, quand je n'ai pas autre chose à faire ni à lire, je lis le citoyen Proudhon ; par lui, j'apprends les belles choses que je vous ai dites et beaucoup d'autres non moins originales que je ne vous dirai pas pour ne pas vous ennuyer, mais que je suis bien aise de savoir pour mon édification particulière. Avec ça que je l'ai échappé belle... Voyez pourtant comme c'est heureux qu'il y ait eu un chômage

Car enfin si j'avais eu quelques paires de souliers de plus à faire, je n'aurais pas lu le citoyen Proudhon ; j'aurais volé toute ma vie sans le savoir, à la barbe de mon curé, qui n'en savait pas plus que moi, et je me serais inévitablement damné sans y songer.

Sans compter, que ce n'est plus aujourd'hui comme autrefois ; qu'il n'est déjà pas facile de faire son salut par le temps et le socialisme qui courent, même quand on a lu le citoyen Proudhon. L'homme est si drôlement bâti, que j'en suis encore à me demander comment il arrivera à se refaire pour s'accommoder aux nouvelles doctrines.

Je sais bien que le citoyen Proudhon croit avoir découvert un remède ; et que maintenant il poursuit la propriété comme tout à l'heure il poursuivait la vérité, à travers les ruines et les décombres, pour la démolir ; mais ce remède sera bien difficile à expliquer, si j'en juge au moins par ce que j'observe autour de moi. Ma fille, qui est bien la meilleure pâte de fille qu'on ait jamais cueillie sous une feuille de chou, s'insurge quand on parle de lui prendre sa poupée ; ma femme prétend garder sa robe en dépit du socialisme, et dit très irrévérencieusement, que les balivernes du citoyen Proudhon n'y feront rien ; moi-même je sens que j'aurais quelque répugnance à me séparer de mon pantalon, surtout à présent que le froid va venir, et je ne suis pas sûr d'être sûr que le remède ne soit pas pire que le mal.

En effet, voilà ce que je me dis : moi, je trouve qu'il faut que tout le monde vive, le citoyen Proudhon trouve qu'il faut que tout le monde vive excepté les riches ; en cela tous les gens qui pensent, pensent de même ; il n'y a qu'une différence du plus ou du moins. Pour vivre il faut manger, l'expérience nous l'enseigne, et pour manger il est généralement reconnu qu'i faut avoir de quoi. Cela, le citoyen Proudhon n'y avait pas réfléchi d'abord à ce qu'il paraît ; mais il doit y avoir réfléchi depuis, car dernièrement il proposait à l'Assemblée nationale de prendre à chaque citoyen le tiers de ses revenus, d'où je présume qu'il voulait laisser les deux autres tiers, et d'après cela il paraîtrait que, provisoirement du moins, ce n'est plus propriété, mais le tiers de la propriété qui est un vol. Beaucoup de gens, je suis du nombre, ne comprennent pas trop qu'il y ait une différence aussi notable entre les différents tiers d'une même chose, mais enfin, puisque le citoyen Proudhon l'a trouvé, il faut bien que cela soit; car le citoyen Proudhon en sait plus long que tout les autres ensemble, au moins à ce qu'il dit; seulement ce qui est vrai une fois doit être vrai toujours et lorsque le premier tiers de la propriété, celui qui est un vol, aura disparu, le reste aura encore trois tiers dont l'un sera encore un vol, et la même règle subsistera tant qu'il restera quelque chose. Ainsi, par exemple, si vous avez vingt-sept sous, il faudra vous hâter d'en porter neuf au citoyen Proudhon, parce que ces neufs sous sont un vol; mais il en restera dix-huit, et de cette propriété amoindrie le tiers est un vol; encore six sous au citoyen Proudhon s'il vous plaît, et puis sur ces douze encore quatre, si vous voulez être honnête homme; et puis sur les huit encore... Vous le voyez, tant que vous posséderez quelque chose vous serez voleur.

Si donc, il prenait fantaisie à mon boulanger de demander un certificat de moralité au citoyen Proudhon, il devrait commencer par n'avoir ni blutoir, ni fagots, ni four, ni farine, et dès-lors j'en serais réduit à me passer de pain et mes voisins aussi; car on ne fait pas de pain sans feu, sans four et sans farine. Et le boulanger ne serait pas seul réduit à suspendre son travail, car le tailleur ne coud pas sans aiguille, le tisserand ne tisse pas sans navette, et je ne fais pas des souliers sans alène et sans tranchet. Peut-être est-il vrai que chacun pourrait se servir de ce qui ne lui appartient pas; ce serait incommode; Pierre et Jean, ou Jacques et Paul, ou Thomas et Barthélemy pourraient avoir à faire du même objet, et il faudrait que chacun d'eux commençât par se battre et assommer son compétiteur, ce qui ferait perdre à la fois du temps outre que c'est peu fraternel; mais enfin cela pourrait aller quelques jours pourtant, si on en croit M. Cabet.

Malheureusement, il y a encore une autre chose à laquelle citoyen Proudhon n'a pas réfléchi, ni M. Cabet non plus. Le pain ne se fait pas tout seul et une foule d'autres objets dont l'usage est nécessaire ou utile, sont dans le même cas; les pommes de terre elles-même ne croissent pas ou croissent mal quand on ne les plante pas. Il est fâcheux qu'on ne puisse rien obtenir sans travail, pas même des ceintures de feuilles de figuier; mais cela est; je n'y puis rien ni vous non plus, et les socialistes n'y peuvent pas davantage, quoique cela les gêne et contrarie leurs plans.

Le travail est bon en soi, la preuve c'est qu'on s'ennuie quand on ne fait jamais rien; mais il n'y a pas de rose sans épine ni de médaille sans revers, et le travail a aussi son mauvais côté sans doute, car il est avéré que tout le monde ne s'amuse pas à travailler toujours; il y a des gens, qui redoutent la fatigue sans compter ceux qui tout en s'y soumettant ne l'aiment guère, et savoureraient volontiers les douceurs du *far niente*, si le *far niente* portait le même profit. Laplace disait un jour, que jamais il n'aurait fait de mathématiques s'il n'avait pas eu faim; en examinant ce qui se passe, en écoutant ce qui se dit, en raisonnant sur ce que je vois, car je n'ai pas, comme le citoyen Proudhon, une science surhumaine, et je suis obligé d'examiner, d'écouter et de réfléchir pour ne pas dire des bêtises quand je parle... donc en examinant, en écoutant, en réfléchissant, je suis arrivé à me convaincre que le boulanger fait du pain, le tailleur des habits, le menuisier des meubles, le sabotier des sabots et les autres autre chose, dans le but d'attraper un lopin de terre pour y semer des carottes et des radis, ou un peu d'argent pour dîner quand l'heure arrive, boire chopine le dimanche quand ils rencontrent un camarade à la porte du cabaret, ou marier leurs enfants quand ils les ont élevés.

Ces gens doivent avoir tort, car le citoyen Proudhon le dit et il en sait plus long qu'eux; mais ils sont têtus comme le diable et persistent à vouloir travailler pour eux et leurs enfants sans tenir compte de la science du citoyen Proudhon. Et moi, qui vous parle, je trouve... qu'ils ont tort puisque le citoyen Proudhon le veut ainsi, mais, s'il ne le voulait pas, je trouverais, je crois qu'ils ont raison. Je me souviens que je goûtais un délicieux plaisir et une joie toujours nouvelle, quand entouré de ma fille, de ma femme, de ma vieille mère, je jouais avec la première, je causais avec les deux autres. Cela était ainsi avant que le citoyen Proudhon eût démoli la famille, et depuis... c'est exactement la même chose; je continue à faire comme les autres; je travaille un peu pour moi, beaucoup pour ma fille, ma femme, ma vieille mère et le reste ne vient qu'après; exactement comme s'il n'y avait jamais eu de socialisme sous la calotte des cieux. Cela m'étonne et me fâche, mais vous savez :

Certain temps accompli,
Le vase est imbibé, l'étoffe a pris son pli.

Mon pli à moi, c'est d'avoir une famille, de l'aimer et de travailler pour elle en travaillant pour moi ; mon voisin Thomas, qui ne lit pas le citoyen Proudhon, mais qui n'en est pas moins un brave homme, prétend même que le socialisme a eu, comme autrefois Garo, le malheur

De n'être point entré
Au conseil de celui que prêche le curé ;

Que les affections de famille qui existaient avant le socialisme existeront encore après lui et malgré lui. Il paraîtrait, d'après mon voisin Thomas, que Dieu aurait, en l'absence ou contrairement aux avis du citoyen Proudhon, donné à tous les hommes, en général, le goût de vivre avec leurs parents, leur femme, leurs enfants, et aux Français, en particulier, celui de ne pas travailler pour le roi de Prusse. Sur ce dernier point, le citoyen Proudhon peut objecter qu'au Luxembourg Louis Blanc a décrété que chacun travaillerait avec un incommensurable redoublement d'ardeur lorsque personne ne retirerait aucun profit de ses fatigues ; mais l'Assemblée nationale a rapporté bon nombre des décrets de Louis Blanc, la nature n'a tenu compte d'aucun, et, après comme avant, on a trouvé beaucoup de gens très enclins à être payés pour ne pas travailler, personne qui veuille travailler pour ne pas être payé.

Il résulte de là que le citoyen Proudhon démolit le travail en démolissant la propriété ; et, tout bien posé, il le fallait bien, car, tant qu'on travaillera, il y aura des riches, or vous savez que le citoyen Proudhon consentirait à ne plus rien démolir plutôt que de tolérer qu'il y ait des riches. On a vu des cordonniers, des maçons, des menuisiers, des manœuvres, des marchands de peaux de lapins, et je ne sais combien d'autres travailleurs de tout genre, qui, n'ayant pour vivre que leurs bras et leur intelligence, ont su prélever sur leur salaire de tous les jours quelque chose pour l'avenir, s'amasser ainsi un petit capital que les intérêts grossissent chaque année, que des épargnes nouvelles augmentent chaque jour, et qui, plus tard, fécondé par des entreprises prudemment conçues et sagement exécutées, peut devenir une fortune considérable. Cela s'est vu, se voit tous les jours, surtout aujourd'hui que la caisse d'épargne est là pour conserver et faire fructifier les plus minces économies, qui, autrefois, allaient se perdre dans les cabarets, faute d'emploi meilleur. Aussi le citoyen Proudhon s'est-il hâté de démolir la caisse d'épargne aussitôt qu'il a pu la trouver sur son chemin.

Après avoir démoli la propriété et le travail qui la produit, puis la caisse d'épargne qui la protége et la fait grandir quand elle est petite, il faudrait bien encore démolir l'industrie qui la multiplie quand elle est grande ; mais l'industrie ne vit pas sans travail, et le citoyen Proudhon se contente de la tuer sans prendre la peine de la démolir. Après cela, un trait de plume suffira pour abolir les francs et les centimes, parce que les francs et les centimes représentent la propriété et sont pour elle des auxiliaires qui pourraient la sauver ou la relever de ses ruines. Et puis... l'œuvre du citoyen Proudhon est accomplie. Récapitulons, vous verrez qu'il ne lui reste plus rien à démolir :

La vérité sous toutes ses formes ;
La religion et Dieu ;
L'intelligence et la conscience humaines ;
La raison et la moralité ;
Le mariage et la famille ;
L'économie politique et l'impôt ;
La république et le suffrage universel ;
La propriété, le salaire et le travail ;
L'industrie et le commerce ;
La caisse d'épargne, la prévoyance et l'économie.

Toutes ces choses et bien d'autres se sont évanouies au souffle du citoyen Proudhon, partout le sol est jonché de ruines et de décombres, partout le vide s'est fait et le monde est redevenu tohu-bohu, l'esprit du citoyen Proudhon se meut sur le dessus du chaos :

Sicelides Musæ, paulo majora canamus.
Ultima Cumæi venit jam carminis ætas :
Magnus ab integra seclorum nascitur ordo.
Jam redit... : redeunt Saturnia regna.

Entre la communauté et la propriété le citoyen Proudhon va créer un monde et faire refleurir l'âge d'or avec ses glands crus pour tout potage, ses ceintures de feuilles de figuier pour tout vêtement.

Le monde du citoyen Proudhon est bâti en morceaux de papier.

Si dans ce monde-là il prend à quelqu'un, ce qui sera rare mais pas impossible, la fantaisie de travailler et de confectionner un gilet dont il n'ait pas besoin pour son usage particulier, ce quelqu'un ne pourra pas vendre son gilet, vu la suppression de l'argent; mais il lui sera loisible de l'échanger, s'il en trouve l'occasion. Il pourra même, l'heure du dîner venue, prendre son gilet et aller frapper successivement à la porte de quinze voisins, qui voudraient avoir un pantalon, puis à la porte de douze autres qui feraient volontiers l'acquisition d'une veste, puis encore à la porte d'un autre qui, ayant l'emploi d'un gilet, lui offrira, en échange, une paire de sabots ou de bottes, une table, une chaise ou des fagots, suivant que ce sera un sabotier, un cordonnier, un fabricant de siéges ou un bûcheron.

Toutes ces visites prennent du temps, et l'homme au gilet pourrait être exposé à dîner tard ou même à ne pas dîner du tout, car un gilet, une paire de sabots ou de bottes, une table, une chaise ou des fagots ne composeraient pas un repas passable; mais le citoyen Proudhon y a pourvu.

D'abord il reconnaît à tout homme possédant un gilet de trop et manquant de pain ou de pommes de terre, le droit de deviner, du premier coup, quel est, entre tous les voisins, celui qui a trop de pain ou de pommes de terre et pas assez de gilets. On pourra même, au besoin, et sans autorisation préalable, recourir aux lumières du *médecin somnambule reçu, rue du Luxembourg*, 18 *bis*, *par la Faculté de Paris*, ou à *la lucidité peu commune de mademoiselle Henriette, somnambule peu naturelle*, une très obligeante personne, qu'on trouve tous les matins à la quatrième page du *Constitutionnel*, mais qui loge à Paris, *rue du Rempart, n.* 20, où je me propose d'aller la consulter quand je voudrai savoir si l'année prochaine les cerises auront des queues, ou s'il y aura toujours des fripons et des dupes, des charlatans et des sots.

Avec ça la faculté de Paris reçoit peu de médecins somnambules; les somnambules naturelles sont rares; il n'y en a pas pour tout le monde, et nombre de citoyens respectables, privés à la fois de cette ressource et de la faculté de deviner, seraient souvent embarrassés pour se défaire du superflu de leurs produits et se procurer les objets qui lui manquent : c'est pourquoi le citoyen Proud'hon a cru devoir créer une *Banque d'échange.*

La banque d'échange est un vaste établissement où se trouvent réunie et classée une masse énorme de morceaux papier paraphés et signés *Proudhon.* Chacun de ces morceaux de papier s'appelle *un gilet, un pantalon, une veste, une paire de bottes, une livre de pain, un saucisson* ou *un boisseau de pommes de terre,* suivant ce qui est écrit dessus. Voilà la chose et voici la manière de s'en servir.

Vous avez un gilet et vous voulez un saucisson? Rien de plus facile. Portez votre gilet dans un magasin quelconque où l'on achète des gilets et à la place on vous donnera un bon d'échange sur lequel sera écrit : *Bon pour un gilet* et au moyen duquel vous pouriez acheter sur le champ un gilet, si vous ne tenez plus au saucisson; mais si vous persister dans votre dessein vous irez tout bonnement à la banque d'échange et là à la place de votre *bon-gilet* on vous remettra un *bon-saucisson,* ou deux, ou trois, toujours en papier bien entendu, au moyen duquel vous pourrez acheter un saucisson chez le premier charcutier venu.

Ce système a un inconvenient très petit et plus apparent que réel ; il a quatre-vingt-dix-neuf avantages notables.

L'inconvénient consiste dans la difficulté de trouver sur-le-champ le rapport exact entre la valeur des objets divers représentés par les bons d'échange. Combien un gilet vaut-il de saucissons? combien de carottes? combien de pommes de terre? Combien faut-il de gilets pour valoir un habit? combien pour un pantalon? combien pour un bœuf?

On a calculé que dans l'état actuel des choses et des idées une nation peut vivre dans l'aisance et même dans une aisance confortable quand elle dispose d'environ cent mille sortes d'objets différents appropriés à ses besoins, à ses goûts et à ses plaisirs. Chacun de ces cent mille objets est succeptible d'être échangé contre un quelconque des quatre-vingt-dix-neuf mille neuf cent quatre-vingt-dix-neuf autres. La difficulté se réduit d'entrée à imprimer tous les matins et à distribuer à tous un Barême indiquant, au cours du jour la valeur de cent mille objets, exprimée pour chacun au moyen de quatre-vingt-dix-neuf mille neuf cent quatre-vingt-dix-neuf unités différentes, à peu près comme ceci :

1 gilet vaut 50 boisseaux de pommes de terre.
1 gilet vaut 1 hectolitre de froment.
1 gilet vaut 90 livres de pain blanc.
1 gilet vaut 5 poulets gras.
1 gilet vaut 6 canards.

. . . .

. . . .

1 paire de pantoufles vaut 1 hectolitre de haricots.
1 paire de pantoufles vaut 40 paquets de rhubarbe.
1 paire de pantoufles vaut 2 seringues.
1 paire de pantoufles vaut 4 poupées.
1 paire de pautoufles vant 1 flacon de rob Boyveau-Laffecteur.

. . . .

. . . .

Et ainsi de suite ; cent mille articles de quatre-vingt-dix-neuf mille neuf cent quatre-vingt-dix-neuf lignes chacun, soit cent mille volumes de deux mille pages chacun sur le comptoir de chaque boutique et cent mille bureaux à la banque d'échange... Bagatelle que la malveillance seule à pu présenter comme une objection sérieuse.

Au reste l'objection tombe d'elle-même puisque dans le monde régénéré du citoyen Proudhon on ne fera usage que de glands crus pour se nourrir et de ceintures de feuilles de figuier pour se vêtir, comme vous allez le voir de suite.

Les avantages sont incontestables. Chacun pourra fabriquer, à peu de frais; les *bons d'échange* dont il aura besoin, et tout le monde sera riche. La banque d'échange aura son siége à Paris, des comptoirs dans les grandes villes, et les habitants de la campagne, obligés de s'y rendre fréquemment, se civiliseront rapidement au contact de la population urbaine. Les bons d'échange arriveront plus rapidement encore à la valeur des assignats et personne ne possédera plus rien ; alors l'âge d'or brillera de tout son éclat ; ce sera le dernier degré de la régénération socialiste. Ainsi soit-il.

Je vous fais grâce des quatre-vingt-seize autres avantages du système.

L'an dernier j'avais acheté une de ces machines vulgairement appelées coucous, qu'on fabrique dans la Forêt-Noire et qui, outre la faculté de marquer trois heures lorsqu'il en est quatre, ou midi lorsqu'il est onze heures, ont la propriété de réveiller tout le quartier, le matin, par un vacarme infernal. A ces avantages le coucou joint l'inconvénient de troubler par son bruyant tic-tac le sommeil de tous les voisins au nombre desquels je compte mon ami Turluberlu. Or mon ami Turluberlu voulait dormir et maudissait mon coucou la nuit ; le jour il le regardait de travers, en examinait les rouages, en étudiait le mécanisme et la disposition, combinait dans son esprit le rapport des effets aux causes et des causes aux effets, puis... un beau jour, il supprima les poids. Le tic-tac cessa, mais le pauvre coucou demeura sans vie et sans mouvement.

Mon ami Turluberlu n'est pas socialiste, mais les socialistes sont peut-être bien un peu Turluberlu. Si le peuple souverain veut m'en croire, le citoyen Proudhon ne sera pas roi de la République.

Parlons sérieusement car nous jouons sur le bord d'un abîme, et, depuis le 24 juin, il n'y a que les électeurs de Paris à qui il soit permis de ne pas s'apercevoir que l'abîme est profond.

Les communistes et les socialistes injurient volontiers tout ce qui n'est pas eux ; c'est leur genre, et M. Proudhon se distingue entre tous.

Ils se disent réciproquement de dures vérités et des gros mots ; il se détestent fraternellement les uns les autres de toute la force d'une haine de famille ; c'est leur droit.

Ils veulent, les uns et les autres, supprimer la société comme immorale, anéantir la famille comme inutile, arracher au cœur humain les affections et les penchants de sa nature comme dangereux, refaire le monde à leur guise ; rien de mieux s'ils croient avoir raison, et ce n'est pas moi qui y trouverai à redire. Républicain, et républicain de la veille, quoique je ne veuille pas faire pendre M. Thiers, et que je n'aie rien mendié à l'Hôtel-de-Ville le 25 février, je réclame la liberté pour moi, je l'accorde sincèrement à tous, je désire qu'on laisse même la liberté d'extravaguer à ceux à qui cela peut convenir.

Les socialistes et les communistes ont usé de cette liberté pendant quatre mois et personne n'a réclamé : c'était amusant, tout le monde en a ri.

Mais, à la longue, l'usage fait place à l'abus : la farce est devenue sanglante, et on a cessé de rire pour pleurer sur une immense tombe.

Les socialistes et les communistes seuls ne pleurent pas. Au milieu d'un deuil sans exemple, ils ont encore trouvé du fiel pour y tremper leur plumet, du temps pour prêcher une nouvelle croisade contre les riches.

Avec ces hommes-là il n'y a pas de trève et l'odieux n'a pas de limite.

Ils ont jeté sur leurs projets, comme un masque, l'intérêt des classes pauvres, et lorsque ce masque est tombé dans le sang, ils le ramassent et l'essuient.

Et leur marche n'en est pas même ralentie.

Le lendemain des barricades de juin, il s'est trouvé un homme pour rédiger une pétition tendant à dépouiller les propriétaires d'un tiers de leurs revenus ; un homme pour proposer de la porter à l'Assemblée nationale *non pas comme une supplique mais comme un ordre* derrière lequel se dresseraient au besoin les baïonnettes et les barricades, avec un arrêt de proscription contre tout représentant qui hésiterait à voter le décret.

Quatre journées de carnage ne suffisent pas au socialisme.

Le journal qui a publié ce projet de pétition était tombé le jour où la République en péril dut abdiquer momentanément sa liberté pour songer à son salut, depuis il s'est relevé pour prêcher encore les mêmes doctrines et souffler les mêmes haines.

L'homme qui le dirige était allé voir au faubourg Saint-Antoine toutes les horreurs de la guerre civile ; il avait trouvé la canonnade et le massacre *sublimes*, depuis il s'est plaint d'avoir été calomnié !

Et cet homme continue à se poser avec fracas comme l'apôtre de la vérité méconnue, le défenseur de l'humanité opprimée, la victime de son ardent amour pour le peuple. Ah ! le charlatanisme est toujours ridicule, mais le ridicule peut devenir odieux, et il appartenait au socialisme de l'écrire en caractères de sang sur la plus belle page de notre histoire.

Le socialisme, qui a créé les ateliers nationaux prodigué

des millions pour ruiner l'industrie et le commerce, sans alléger en rien la misère des travailleurs; le socialisme, qui dans la journée du quinze mai, a foulé aux pieds la souveraineté du peuple, et qui pendant quatre jours a inondé les rues de Paris du sang des citoyens; le socialisme qui veut bouleverser le monde pour faire du bruit et qui nie à la fois l'évidence, la raison humaine, l'expérience des siècles, pour bouleverser le monde; le socialisme qui arrache à l'homme tout ce que Dieu lui a donné de biens pour cette vie et d'espérance au-delà du tombeau; le socialisme se revêt souvent d'un voile trompeur, se meut dans les nuages d'une obscurité calculée, s'illumine au besoins de teintes riantes et sait mettre en jeu, au profit de passions basses, honteuses, tous les instincts généreux de la nature humaine.

A ceux de mes concitoyens qui n'auraient vu le socialisme que sous ces dehors trompeurs, je conseille de lire les livres de M. Proudhon et je livre à leurs réflexions les lignes suivantes que je copie textuellement. Jamais la doctrine, la science et le système socialistes ne seront plus énergiquement résumés.

« Vainement, dit Proudhon, vous me parlez de fraternité et « d'amour. Je reste convaincu que vous ne m'aimez guère, et je « sens très bien que je ne vous aime pas.

« La charité, c'est une infâme mystification.

« Le cœur du prolétaire, comme celui du riche, n'est qu'un « égoût de sensualité bouillonnante, un foyer de luxure et d'im- « postures.

« Souvenez-vous, et n'oubliez jamais que la pitié, le bonheur « et la vertu, de même que la patrie et la religion, sont des mas- « ques. »

DLANCY.

www.ingramcontent.com/pod-product-compliance
Ingram Content Group UK Ltd.
Pitfield, Milton Keynes, MK11 3LW, UK
UKHW020451220726
13923UKWH00005B/2475